JN096422

たった2時間の「小学校プログラミング教育」

～ロボット教材を使ったA分類のプログラミング授業～

文・小熊良一

井上出版企画

目次

プログラミング教育は子どもの可能性を広げます。

私は、ロボット教材を使ったプログラミングの授業をたくさんの小学校で行ってきました。

初めてプログラミングを学習する子どもたちの目は好奇心で輝いています。

そして、ロボットが動くとさらに目は輝きます。

時間を忘れてプログラミングに取り組んでいます。

子どもたちは、自分で新しい課題を決め、自分でチャレンジしていきます。

これが、授業の本来の姿だと思います。

教師は、大切なことを少し伝え、子どものやる気を持続させるだけでいいのです。

先生は、本当に忙しいと思います。

私も 16 年間、先生をやっていたのでよく分かります。

プログラミングの授業をしたいけれど、新たな学習を取り入れる時間がとれません。

そこで、5・6 年で各 1 時間（45 分）、合計 2 時間（90 分）に絞った内容にしました。

先生方も授業をやりながらプログラミング教育の知識を身に付けてください。

この本では「算数 5 年　正多角形と円」「理科 6 年　電気の利用」を取り上げています。

この 2 つは、「小学校学習指導要領（平成 29 年度告示）」に例示されているものです。

ぜひ、プログラミング学習で、子どもの可能性を広げてください。

小熊良一

I　理論編
～５分で学ぶプログラミング教育～

小学校では、国語、算数、図工、体育など多くの勉強をします。

しかし、国語は、作家を育てるためにするのものではありません。

体育は、スポーツ選手を育てるために勉強するものでもありません。

プログラミング教育も、プログラマーを育てるものではありません。

大切なことは、子どもが２つのことを感じることです。

> 1　プログラミングの楽しさや面白さ
> 2　ものごとを成し遂げたという達成感

この２つを感じられれば、プログラミング教育は 80％成功です。

2 子どもの可能性を広げる3つの能力

子どもの未来に必要な力は、正しい答えを正確に導きだす力ではありません。今の現状の中で、最も適切な方法（最適解）を導き出す力です。プログラミング教育は、子どもの未来に必要な3つの能力を育てます。この能力が、子どもの可能性を広げていきます。

1 プログラミング的思考

自分が意図する一連の活動を実現するために、どのような動きの組み合わせが必要であり、一つ一つの動きに対応した記号を、どのように組み合わせたらいいのか、記号の組み合わせをどのように改善していけば、より意図した活動に近づくのか、といったことを論理的に考えていく力

2 プログラムの働きや良さ、 情報技術によって社会が支えられていることに気付く力

「プログラムに得意なことと不得意なこと」や「情報技術がいろいろな場面で活用され、生活を支えていること」を知ること

3 問題を解決しようとする態度

問題を論理的にとらえ解決しようとする態度

3　なぜ、ロボットを使うのか（具体から抽象へ）

プログラミングは、タブレット PC やスマホだけでも勉強できます。
しかし、画面上だけの勉強では効果が半減してしまいます。

理由は、「生活の実態」と「発達段階」です。
子どもは、複雑なゲームや動画で毎日遊んでいます。
現代の子どもには、画面上だけの勉強にワクワク感はありません。

勉強は、具体から抽象に段階を追って進んでいくものです。
算数と数学の勉強で例えます。
小学校で学ぶ「算数」は、「数字」が中心で具体的な内容となります。
中学校から学ぶ「数学」では、「文字」を扱う抽象的な内容になります。
小学生には、具体的な学習が大切なのです。

それを実現するのがロボットです。
ロボットは、画面のプログラムを目の前で具体化させます。

小学生が、重いランドセルを背負って学校に向かう姿を毎朝見かけます。
今年から小学生の教科書の内容は、1 割増えているそうです。
小学生は、毎日たくさんの勉強をしています。先生も 1 日休む暇もありません。

この忙しい中に新たな学習を加えるには、学習効果を考えることが大切です。
プログラミング学習を行った結果、他の勉強がおろそかになったら意味がありません。
小学校の勉強は、すべてが人生の基礎となる大切なものです。

私は、まず、学習指導要領で例示する 2 つは効果的にやるべきだと考えています。
小 5 算数「正多角形と円」、小 6 理科「電気の利用」で、2 時間です。
「総合的な学習の時間」で実施することも考えられます。
今の授業をロボット教材を使って行うだけです。

小学生は、この 2 時間でプログラミングの基本的な考えを学習します。
この学習が、中学校、高校のプログラミングの学習につながります。
また、プログラミングのロジカルな考え方は、一生の財産となります。

よい先生って、どんな先生でしょうか？
やさしい先生、教えるのが上手な先生・・・
人によって答えはいろいろあります。
私は、よい先生は、可能性を広げる先生だと考えています。
子どもを「やる気」にさせる先生です。

初めてプログラミングを学習する子どもには、
ハードルが低いことが大切なので、
「ビジュアルプログラミング言語」が向いています。

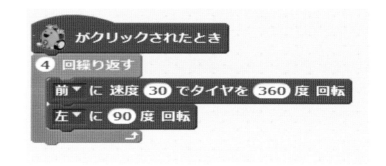

感覚的に操作ができて、
キーボードに慣れていなくても
プログラムをつくれます。

「ビジュアルプログラミング言語」は、子どもをやる気にさせます。

6　ロボットプログラミングに必要な2つの教材・教具

1　パソコン（ＰＣ）

プログラムを作成するために使います。

持ち運びが簡単でタッチパネル機能のついた

タブレットＰＣが効果的です。

2　ロボット

プログラムと連動するセンサー付きのロボットです。

光だけでなくモーターで動きが実感できる教材がよいと思います。

タイヤ、ギアなど素材がしっかりしたロボットを選びましょう。

素材がしっかりしていないロボットは、プログラムどおりに

動かず、子どもの意欲を下げてしまうことがあります。

※本書は、「動かしてみよう！」を使っています。

Ⅱ　授業実践編

～たった２時間のプログラミング教育～

「授業実践編」の授業での使い方

＜授業前の準備＞

「授業のねらい」と「授業の概要」を理解してください。

＜授業中＞

1　大型画面に投影用の部分を映してください。「ページ全体」を映しても大丈夫です。
2　右側の説明を読んでください。
3　子どもと一緒にプログラミングをおこなってください。画面は映したままでかまいません。

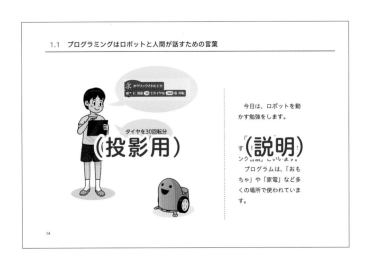

◆ロボットを動かしてみよう～プログラミング基本操作～

<学習のねらい>

1　プログラミングが、社会のいろいろな場面で使われることを知る

2　プログラミングの基本操作を体験する

3　プログラミング学習の留意点を知る

プログラミングを学習するには、基本操作を覚えることが必要です。

この学習は授業を始める前に行ってください。

1回学べば、すべての学習で使えます。

すぐに、自分でロボットを動かすことができるようになります。

「ケーブルの向き」や「ボタンがわからない」など、

操作の質問が多いと思います。

子どもの中に入って先生も楽しんでください。

今日は、ロボットを動かす勉強をします。

ロボットと人間が話をする言葉を「プログラミング言語」といいます。

プログラムは、「おもちゃ」や「家電」など多くの場所で使われています。

うまく動かないのは、
コンピュータが悪いのではありません。

ロボットが悪いのでもありません。

みなさんが悪いのでもありません。

プログラムが間違っているだけです。

プログラムは、
何度でも直すことができます。

プログラミングでは、間違えることが大切です。

1.3　プログラムの準備

1　初期画面

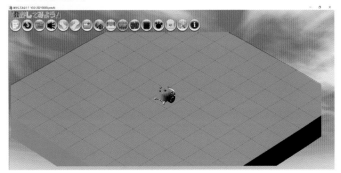

2　基本メニュー

3　プログラミング画面

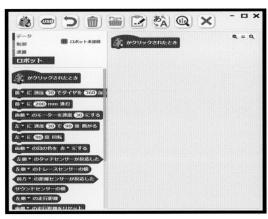

1　初期画面

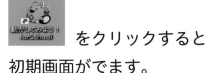 をクリックすると
初期画面がでます。

2　基本メニュー

基本メニューの  を
クリックしてください。

3　プログラミング画面

この画面でロボットに言葉を伝
えるためのプログラムをつくり
ます。

◆ブロックを組む

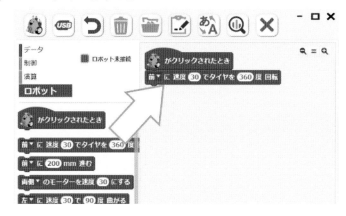

○　正しい組み方

×　間違った組み方

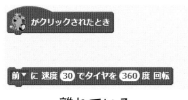

離れている　　　　　　　　　　　ずれている

・ロボットが前に進むプログラムをつくります。

・「ブロック」をプログラムエリアに動かして組んでください。

・ブロックがずれていたり、離れているとプログラムは動きません。

・しっかり溝にはめて、組むことがポイントです。

1.5 プログラムを動かしてみよう

1 プログラムをつくる

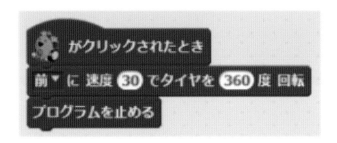

2 プログラムを動かす

1 プログラムをつくる

３つのブロックを組んでください。これでプログラムは完成です。プログラムは上から順番に動いていきます。

2 プログラムを動かす

「実行ボタン」をおしてください。ロボットが動きます。
早くできた人は速度と回転数の数字を変えてください。

1 ロボットとPCをつなぐ

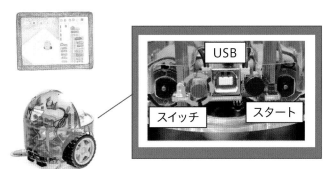

2 プログラムを転送する

「ロボット接続中」が
緑になります

3 ロボットを動かす

---

1 ロボットとPCをつなぐ

USBケーブルでつなぎます。
※ロボットのお尻をよく見て
ください。

2 プログラムを転送する

USBボタンを押して、プログラ
ムを転送します。

3 ロボットを動かす

ケーブルを外します。スイッチ
を入れます。スタートを押しま
す。

1.7 ロボットを動かしてみよう（無線編）

1 ロボットとＰＣをつなぐ

ロボットとつなぐ

ugokashite.jp がペア設定を要求しています

EH-MC10 - ペア設定済み

スキャンしています...　ペア設定　キャンセル

2 ロボットを動かす

ロボットを動かす

1 ロボットとＰＣをつなぐ

ロボットのスイッチを入れ、「ロボットとつなぐ」ボタンから動かしたいロボットを選びます。

2 ロボットを動かす

「ロボットをうごかす」ボタンを押します。

2 算数 正多角形と円（小5）〜ロボットに図形をかかせよう〜

＜授業のねらい＞

1 数量や図形についての技能

どのようなプログラミングで正多角形の作図をすることができるか考えることができる。

2 数学的な考え方

同じ正多角形でも様々なプログラムによってかくことができることに気付く。

コンピュータは、同じことを何度もくりかえすことが得意です。この学習は、このコンピュータの得意なことを取り入れた学習になります。この授業では、画面上で作ったプログラムを実際にロボットに転送して動かします。

いつもはノートの上で終わってしまう学習にプログラミングとロボットが加わることで、子どもたちの目は輝きだします。

段階	学習活動 ○ 学習内容（ねらい）	○ 指導上の留意点
導入 （10分）	1 正多角形の特徴を確認する。 ＜確認する内容＞ ・辺の長さがすべて等しい ・内角がすべて等しい 2 プログラミングの方法を知る ○「うごかしてみよう！」のソフトを使用して、正方形に動くロボットの様子を確認する。 ○正方形の性質を振り返り、プログラミングで作図する方法を考え、実践する。 ○正方形の様々なかき方を知る。 ・タイヤの回転を使ってかく。 ・外角の大きさを使ってかく。 ・辺の長さ（進む距離）を使ってかく。 ○いろいろな正多角形の図を見て、正方形のときのプログラミングと同じ方法で作図することができるか考える。 ○本時のめあてを確認する。	○フラッシュ型教材を用いて前時の学習内容を確認する ○ロボットの動きを確認することで、プログラミングに興味をもたせる。 ○タブレットや、「うごかしてみよう！」のソフトの使い方を確認させる。 ○正方形の性質を全体で共有し、プログラミングの見通しをもたせる。 ○どの方法を用いても、プログラミングで正多角形をかくことができることを、おさえる。 ○いくつかの正多角形の図を見せ、正多角形の性質や規則性に気付くことができるようにする。
	めあて：正多角形の性質を用いて、プログラミングで正多角形をかいてみよう	
展開 （30分）	3 本時の課題を把握し、プログラミングを行う ＜課題1＞「正方形」を作成する。 ＜課題2＞「正三角形」を作成する。 ・正多角形の内角、性質を確認する。 ・プログラムを考え、角度が60°では正三角形にならないことを確認する。 ・プログラムを実行する。 ○同じ作業の繰り返しでプログラミングをすることができることを知らせる。	○3人1組のグループで、課題解決を行う。 ○辺の長さ、辺の間の角度といった、今まで作図をする際におさえていたことを全体で確認し、それを踏まえたうえでどのようにプログラミングするべきかを考えさせる。 ○回転角度は内角ではなく、外角で考えることに気付かせるため、ロボットを動かして曲がる様子を観察させる。 ○補助線を頼りに外角を使用することに気付かせる。 ○早くできた生徒には他の正多角形を考えさせる。
まとめ （5分）	4 まとめる ○本時の学習内容を確認する	○本時の学習内容を学習プリントに整理する

2.1 多角形の性質（復習）

1 正方形の性質

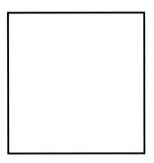

2 正三角形の性質

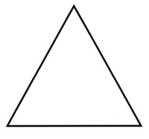

3 正多角形の性質
辺の長さがすべて等しく、
角の大きさがすべて等しい図形

1 正方形の性質

正方形は4つの辺の長さがすべて等しく、4つの角の大きさ（90度）もすべて等しい。

2 正三角形の性質

正方形は3つの辺の長さがすべて等しく、3つの角の大きさ（60度）もすべて等しい。

3 正多角形の性質

「正多角形は、辺の長さがすべて等しく、角の大きさがすべて等しい図形」です。

◆正方形をかいてみよう

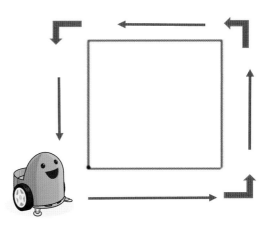

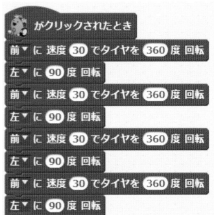

　正方形をプログラムでかいてみま
しょう。

　正方形の辺の長さ、角の大きさなど
の特性を考えて書いてみましょう。

2.3　いろいろな多角形をかいてみよう

1　正方形を簡単にかいてみよう（くりかえし）

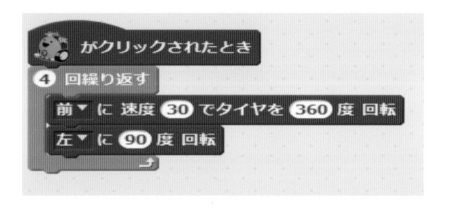

2　いろいろな正多角形をかいてみよう

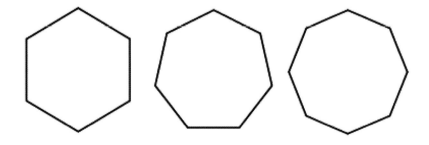

1　正方形を簡単にかいてみよう（くりかえし）

コンピュータは、同じことを繰り返すのが得意です。「くりかえし」命令を使うと短いプログラムでかくことができます。

2　いろいろな正多角形をたくさんかいてみよう

角度を変えれば、いろいろな正多角形がかけます。挑戦してください。

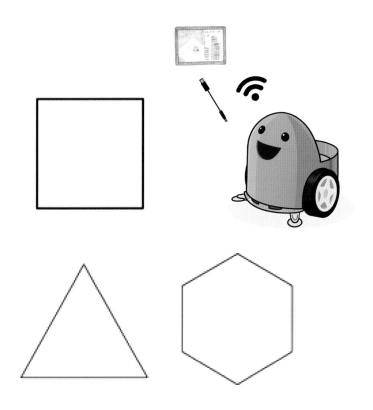

　ロボットに図形をかかせてみましょう。

　まず、ロボットにプログラムを転送します。そしてロボットをうごかしてみましょう。

　※転送は１.６及び１.７を参考にしてください（P19 ～ 20）。

3　理科　電気の利用（小6）〜電気を効率よく使う技術を考えよう〜

＜授業のねらい＞

　センサーにより電気の働きを制御するプログラミングの体験を通して、電気の働きを目的に合わせて制御したり、効率よく利用したりしている道具や機器があることを理解する。

　エアコンは、周りの温度をセンサーで感知して風量や温度をプログラムで調整し、最適な温度にします。

　センサーを使ったプログラムを学ぶことで電気の制御の仕組みを理解することができます。

　子どもたちは、センサーを使ったプログラムを学ぶと新しいアイディアがどんどん浮かんでくるようです。

　ロボット教材を使った学習は、実際のエンジニアを育てる研修で行われています。

段階	学習活動　○ 学習内容（ねらい）	○ 指導上の留意点
導入（10分）	1　電気の利用について確認する。 ＜確認する内容＞ ・蓄電（コンデンサ） ・電気の使われ方の違い （まめ電球、発光ダイオード） ・身の回りの電気の利用 （光、熱、動力、音、電気信号） 2　電気を有効に使っている電気機器の仕組みを考える。 ＜考える電気機器＞ ・人が近づくと光るライト ・温度を自動調整するエアコン ○電気機器を有効に使うための仕組みについて考える。 ○本時のめあてを確認する。 <div align="center">めあて：電気を有効に使うロボットをつくろう。</div>	○フラッシュ型教材を用いて前時の学習内容を確認する ○グループで、課題解決を行う。 ○2つの機器の仕組みを3つの要素で考える。 ・センサー・コンピュータ・アクチュエータの組み合わせを考えさせる。 ○電気を有効に使う機器は、すべて、3つの要素でできていることに気付かせる。 ○本時は、プログラミングにより電気を有効に使うことを確認する。
展開（30分）	3　本時の課題を把握し、プログラミングを行う ○電気を有効に使うロボットを考える 〈課題1〉触ったら緑のLEDが光るプログラム 〈課題2〉人が近づいたら赤のLEDが光るプログラム ○センサーを有効に使った安全装置を考える 〈課題3〉人が近づくとロボットが止まるプログラム	○課題1については、見本プログラムを提示し、目の色などを工夫させることでプログラムに慣れさせる。 ○課題2、課題3のプログラムは、課題1のプログラムを応用することで考えさせていく。
まとめ（5分）	4 まとめる ○本時の学習内容を確認する	○本時の学習内容を学習プリントに整理する

1〜4の電気部品や電気製品は、電気を何に変えて
使っているでしょうか。

1〜4の電気部品や電気製品は、
電気を何に変えて使っている
でしょうか。

1　発光ダイオード「光」

2　電気ストーブ　「熱」

3　スピーカー　　「音」

4　モーター　　　「動力」

　電気は、熱、光、音、動力など
に変換されて使われています。

3.2　考える電気製品

1　考える電気製品

2　考える電気製品の仕組み

①センサー
※調べる※

②コンピュータ
※考える※

③モーター、光など
※動く※

1　考える電気製品

エアコンは、温度を自分で調べて調整します。自動掃除機はごみを自分で見つけます。洗濯機は、汚れや洗濯の量で選択の方法を変えます。

2　考える電気製品の仕組み

考える電気製品は、
①センサー「調べる」
②コンピュータ「考える」
③モーター、光など「動く」の３つの部分があります。

◆センサーの種類

 ・障害物に触れた時に反応

 距離センサー ・障害物に近づいた時に反応

 色センサー ・下面の色の濃淡（白／黒）を判別

 ・一定の音量を超えた時に反応

センサーには、障害物、距離、色、音、温度を調べるなどいろいろなものがあります。

動かしてみよう！には、
「タッチセンサー」
「距離センサー」
「色センサー」
「音センサー」の４種類のセンサーがあります。

そして、この４種類のセンサーで周りの様子を調べます。

3.4 タッチセンサーが反応してＬＥＤが光るプログラム

1 考えるプログラム

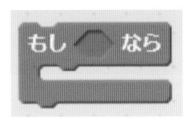

2 タッチセンサー

3 その他のブロック

1 考えるプログラム

考えるプログラムをつくってみましょう。条件判断するプログラムは もし なら を使います。

2 タッチセンサー

タッチセンサーは、
左側▼ のタッチセンサーが反応した を使います。

3 その他

プログラムを動かし続けるには ずっと をつかいましょう。

LED を光らせるのは

両側▼ の目の色を 緑▼ にする

1　考え方

①タッチセンサーに触ったら　　②ライトが光る

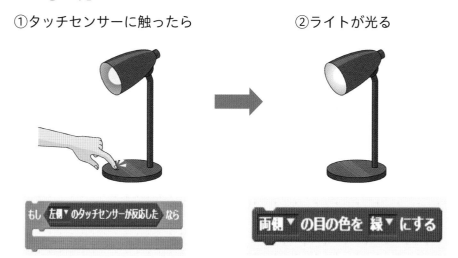

2　触れたらＬＥＤが緑に光るプログラム

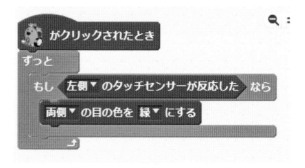

1　考え方

と を組み合わせます。

両目を緑にするのは、

です。

タッチセンサーの監視は常時継続して行う必要があるので「ずっと」ブロックが必要です。

2　触ったらＬＥＤが光るプログラム

タッチセンサーを使ったプログラムをつくってみましょう。出来上がったらプログラムを転送し、タッチセンサーを触ってみましょう。

3.5 距離センサーが反応してＬＥＤが光るプログラム

1 考えるプログラム

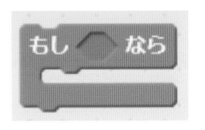

2 距離センサー

3 その他のブロック

1 考えるプログラム

考えるプログラムをつくってみ
ましょう。考えるプログラムは、
を使います。

2 距離センサー

距離センサーは、
を使います。

そのほかに２つのブロックを使
います。

1　考え方

①人が近づくと　　　　　　②ライトが光る

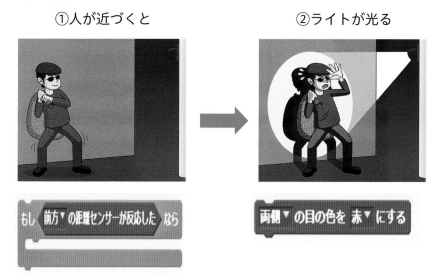

2　人が近づくとＬＥＤが赤に光るプログラム

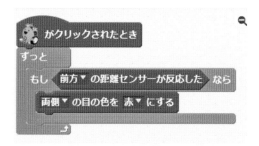

1　考え方

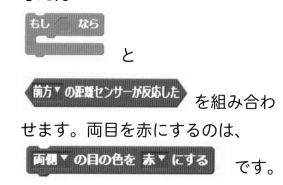

を組み合わせます。両目を赤にするのは、

です。

2　人が近づくと LED が光る　プログラム

　距離センサーを使ったプログラムをつくってみましょう。夜、人が近づくと光る人感センサーライトのプログラムと一緒です。手を距離センサーに近づけてみましょう。

3.6　人が近づくと止まるプログラム

使うブロック

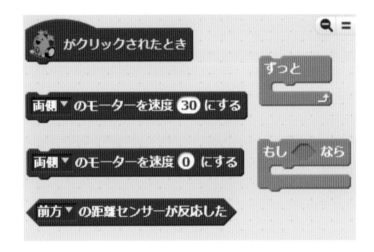

人間は必ず間違いを起こします。しかし、プログラムを使うことで間違いを少なくできます。人が近づいたら自然に止まる自動ブレーキシステムをつくってみましょう。

今までにつくった2つのプログラムの応用です。

1　考え方

①人が近づくと　　　　　　　②車が止まる

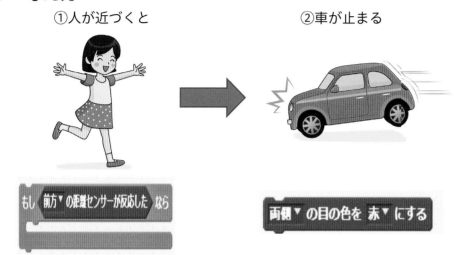

2　人が近づくと止まるプログラム

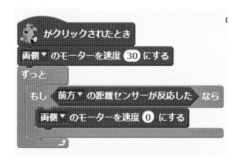

プログラムを転送し、ロボットを壁に向かって走らせてみましょう。

安全に関するプログラムは自動車メーカーでも模型を使って開発しているそうです。

他のブロックを使ってプログラムを発展させていきましょう。

3.6 人が近づくと止まるプログラム

＜止まって危険を光と音で知らせるプログラム＞

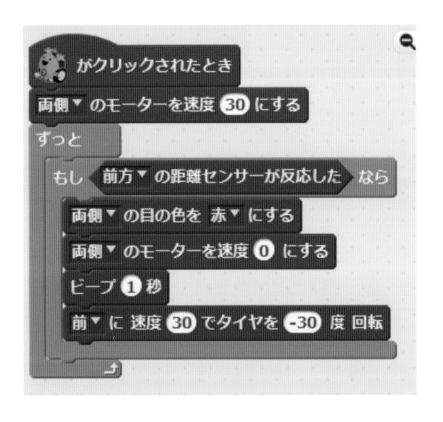

このプログラムは、止まるだけでなく、光と音で危険を伝えて、止まった後、少し下がるプログラムです。

自分のアイディアで、様々なブロックを組み合わせて、いろいろなプログラムを作ってみましょう。

うまく行かなかったら組み合わせやブロックを変えてみましょう。

4　総合的な学習の時間　～自動運転自動車をつくろう～

＜授業のねらい＞

①知識及び技能

身近な生活でコンピュータが活用されていることや、問題の解決には必要な手順があることに気付くことができる。

②思考力、判断力、表現力等

自分が意図する一連の活動を実現するために、一つ一つの動きに対応した記号を、組み合わせ、改善していく論理的に考えていく力をはぐくむ。

③学びに向かう力、人間性等

コンピュータの働きを、よりよい人生や社会づくりに生かそうとする態度をはぐくむ。

総合的な学習の時間で扱うプログラムは算数・理科の学習を発展させたものになります。身近にある社会の課題を解決するためにプログラムを作成します。プログラムは理科に似通っていますが、アプローチが違ってきます。

学習活動　○ 学習内容（ねらい）	○ 指導上の留意点
1　コンピュータの働きを学ぶ。 ○社会の中で活用されている情報技術について考える。 ・スマート家電※の良さを考える。	・実物のスマート家電を用いて児童の興味・関心を高める。
2　プログラミングの方法を学ぶ ○ビジュアル型プログラミングの方法を知る。 ・「動かしてみよう！」の起動 ・ブロックの組み方	・3人1組のグループで行う。 ・全員の児童が操作できるように配慮する。
3　算数におけるプログラミング学習 ○ビジュアル型プログラミングを用いて正多角形をかく。 ・正方形をかく（順次・反復） ・ロボットに転送する	・図形の性質は、指導者から示す。 ・順次から反復を用いたプログラムへと進むことで効率的なプログラムの便利さを実感させる。
4　理科におけるプログラミング学習 ○センサーの仕組みを知り、センサーを用いたプログラムを取り入れたロボットを作成する ・センサーの働きを知る。 ・タッチセンサー、距離センサーを使ったプログラムを作成し、ロボットを制御する。（条件）	・ロボットをもちいることで、児童の興味・関心を高めるようにする。 ・実物のロボットを用いてセンサーを電気製品の仕組みを学ぶようにする。
5　総合的な学習の時間のプログラミング学習 ○現代社会の問題を解決する情報技術について考え、解決するためのモデルプログラムを作成する。 ・少子高齢化の問題を情報技術により、解決できる方法を考える。 ・高齢者も安全に乗れる自動車を考え、プログラムを作成する。（順次、反復、条件）	・現代社会の問題を解決する情報技術について自分たちが提案できることを考える。 ・本時の学習が、自動車開発と同じものであることを伝えていく。 ・ロボットを簡易コースで走らせる。

※スマート家電…インターネットとつなげてスマートフォンと連携することができる家電製品

4.1　日本の問題をプログラミングで解決しよう

◆少子高齢化社会と交通事故

■65歳以下　■65歳以上

日本は、少子高齢化が進んでいます。2060 年には、人口の 40％が 65 歳以上になるといわれています。

そして、大きな問題になっているのが、高齢者の自動車事故です。交通事故は、事故を起こした人も、被害にあった人も、そして、その家族も不幸にしてしまうものです。

◆だれでも安全に運転できる自動車の例

小さい子が近づいてきたら
危険を音で知らせてくれる自動車

壁に近くなったら自動的に止まる自動車

バスや電車がなくて、自動車がなければ生活できない地域も日本にはたくさんあります。だれでも安全に運転できる自動車を皆さんに考えてもらいたいと思います。

そして考えたプログラムをつくって自動車を動かしてください。センサーをうまく使えば実現できると思います。

プログラミング教材を選ぶ5つのポイント

プログラミング学習はどの教材を選ぶかがとても大切です。価格やイメージだけで判断すると授業で使えないこともあります。下の5つのポイントを参考に教材選びをしてください。

1　丈夫であること

　　　　教材は、多くの子どもが、何年間も共有して使うものです。
　　　　少しくらいでは壊れない丈夫さが大切です。

2　子どものワクワク感を引き出せること

　　　　勉強するのは子どもです。大人ではありません。
　　　　子どものワクワク感を引きだすことが大切です。

3　同じ操作で複数の教科で学習ができること

　　　　一度学んだ操作を他の学習で活用できると効率的な学習ができます。

4　プログラムをロボットが正確に再現できること

　　　　ロボットがプログラムを正確に再現できることは大切です。
　　　　子どもは、プログラムは直せますが、機器は直すことができません。
　　　　ギア・モーター・タイヤなど良い部品を使った教材を選びましょう。

5　サポート体制が充実していること

　　　　機械は故障するものです。いざという時、サポートは大切です。

小学校からプログラミングの学習をすることは、子どもの可能性を広げます。

この本を使って、子どもと楽しみながら、プログラミングの授業をしていただければ嬉しいです。

小熊良一

〇参考文献

・小学校プログラミングの手引き第三版（文部科学省）

・小学校学習指導要領（平成 29 年告示）解説　算数編

・小学校学習指導要領（平成 29 年告示）解説　理科編

・小学校学習指導要領（平成 29 年告示）解説　総合的な学習の時間編

・令和 2 年版高齢社会白書（内閣府）

〇「動かしてみよう！」については、下記よりお問い合わせください。

・株式会社アバロンテクノロジー　　　　https://avalontech.co.jp/toppage/m_concept/

・ビープロジャパン株式会社　　　　　　http://bpro-j.com/move/

〇「授業目的公衆送信補償金制度」が 2020 年 4 月 28 日よりスタートしています。本資料を授業で活用する際は、一般社団法人授業目的公衆送信補償金等管理協会（SARTRAS）で示している「改正著作権法第 35 条運用指針」に従った利用をお願いします。

・SARTRAS　　https://sartras.or.jp/

〈著者紹介〉 小熊良一

群馬大学教育共同教育学部　講師

群馬県内の公立中学校、群馬大学教育学部附属中学校で、16年間、技術・家庭科の教師として勤務。
その後、群馬県教育委員会義務教育課、群馬県教育総合センターで指導主事として9年間、技術科教育、情報教育を担当。国立教育政策研究所、文化庁、国土交通省などで情報教育に関する各種委員を歴任。
研究分野は、技術教育、情報教育、情報モラル教育、情報セキュリティ教育、学校における著作権、小学校プログラミング教育。子ども向けの授業や小中高校の先生向けの講演を群馬県を中心に全国で行っている。

小学校の先生のための「そのまま授業で使えるプログラミング教育の本」
たった2時間の「小学校プログラミング教育」〜ロボット教材を使ったA分類のプログラミング授業〜

著　者　小熊　良一
発行者　井上　雄
発行日　2021年7月8日
定　価　980円(税込)

企画制作・発行　株式会社　井上出版企画
所在地　　〒379‐1311
　　　　　群馬県利根郡みなかみ町石倉198‐10‐2‐322
携帯電話　080‐4371‐5855　　FAX　　0278‐25‐8367
郵便振替口座　00130‐2‐292313

ブックデザイン・DTP　余白制作室　※本書は原則としてユニバーサルデザインフォントを使用しています。

ISBN 978-4-908907-13-5　C0055　¥980E